글 강대진   그림 해피쿠쿠

한솜미디어

1쇄 찍음 / 2008년 1월 15일
1쇄 펴냄 / 2008년 1월 20일

글 / 강대진
그림 / 해피쿠쿠
펴낸이 / 김태봉
편 집 / 황은진, 김주영, 김미란, 조시형, 김경임, 정종해
마케팅 / 박상필, 김명준, 김영길
웹 / 이준혁
등 록 / 제5-213호
펴낸곳 / 한솜미디어

주소 / (우143-200) 서울시 광진구 구의동 243-22
전화 / (02)454-0492, 팩시밀리 (02)454-0493
HomePage http://hansom.co.kr
E-mail hansom@hansom.co.kr

값 10,000원
ISBN 978-89-5959-137-4 07320

*잘못 만들어진 책은 구입하신 서점에서 친절하게 바꿔드립니다.

시작하는 글

타잔과 함께 정글로 경제탐험을 떠나요.

　글로벌화, 디지털화, 지식화 되어 가는 21세기 경제는 정글과 다름없습니다. 위험이 도사리고 있는 자연 정글처럼 치열한 경쟁이 펼쳐지는 도심 속 경제 정글에서 과연 어떻게 해야 생존하고 성공할 수 있을까요?
　'정글은 사람이 살기엔 너무 삭막하잖아!' 이런 생각을 하다가 문득 정글에서 멋지게 밧줄을 타며 "아아 ~아!" 정글메아리를 외치는 타잔이 머릿속을 스쳐 지나갔어요.
　'맞아, 정글에도 사람이 살고 있었지! 고릴라와는 비교도 안 되는 허약한 체력의 인간인 타잔이 결국엔 고릴라 대장이 되었어. 그리고 사냥꾼의 총으로부터 정글을 지켜내는 수호신이 되었잖아. 그에겐 분명 배울 게 있을 거야.'

　아이들에게 주식과 재테크를 가르치기 전에 먼저 타잔을 만나게 해주세요. 경제를 그래프와 생소한 용어로 배우기보다는 정글 여행을 통해 호기심과 상상력으로 만나게 해 보세요.
　자, 타잔과 함께 정글로 여행을 떠나보세요. 정글 속 동물들의 울음소리에 눈과 귀를 기울여 보세요. 경제도 보이고, 신기한 정글과 동물의 세계도 만나게 됩니다. 어려운 경제 공부가 아니라 재미난 경제탐험이 될 것입니다. 그리고 타잔과 친구가 되어 그와 함께 정글 나라를 만나보세요. 자신만의 성공비법을 가르쳐 줄 거예요.
　"팬티만 입어라. 힘이 되는 친구를 만들어라. 밧줄을 잘 타라. 정글을 지켜라…."
　타잔이 들려주는 정글 속의 재미있고 신나는 이야기들을 들어 보세요. 어느새 경제원리와 타잔의 성공전략이 이미지로 기억되어 가슴으로 쏙쏙 들어올 거예요.
　자, 지금부터 눈을 감고 그를 한번 불러 보세요. 정글은 위대한 스승이고, 타잔은 좋은 친구가 될 것입니다.

강태진

등장인물 소개

강대호(어경초 6)

기발한 상상력과 호기심이 많아 모험가라는 별명을 갖고 있다.
여행, 글쓰기를 좋아하며, 자연을 사랑한다.

김상우(어경초 6)

대호의 절친한 친구.
모범생이며 공부를 잘한다.
매우 현실적이며, 도전과 모험에는 소극적이다.

박지원(어경초 6)

귀엽고 성격이 활발하여 남자 아이들과 잘 어울린다.
자칭 어경초등학교의 얼짱.
가끔 화가 나면 갑자기 소리를 질러
친구들을 당황하게 만들기도 한다.

제인김 박사

타잔을 너무 좋아해서 제인이 되고 싶어 정글로 간 모험심 많은 학자.
정글의 법칙을 연구하며, 정글 강의로 인기가 많다.
고릴라 '칼라'를 항상 데리고 다닌다.

아빠(강석기)

대호의 아버지.
자상하시며, 산을 좋아한다.
직업은 소설가.
대호와 함께 자주 산에 오르며, 평소 환경보호에 관심이 많다.

타잔

소설과 영화 속 주인공 타잔.
자수성가하여 정글에서 고릴라 대장이 되고,
정글 수호신이 된다.
강대호에게 자신의 정글 속 성공전략인
'타잔비법'을 가르쳐 준다.

목 차

 1부 정글나라, 정글의 법칙

01. 제인김 박사의 정글특강 ● 10
02. 정글의 법칙 1계명 ● 14
    - 힘이 최고다(약육강식)
03. 정글의 법칙 2계명 ● 18
    - 현실에 적응하는 사람이 생존한다(적자생존)
04. 정글의 법칙 3계명 ● 22
    - 우리는 눈앞도 예측할 수 없다(시계제로)
05. 정글의 법칙 4계명 ● 26
    - 위험은 미리 알면 차단할 수 있다(위기관리)
06. 정글의 법칙 5계명 ● 30
    - 자연에는 보이지 않는 손이 있다(경제원리)
07. 정글의 법칙 6계명 ● 34
    - 자연은 변화하며 발전해 왔다(자연진화)
08. 정글의 법칙 7계명 ● 38
    - 자연은 생태계를 이루고 있다(먹이사슬)
09. 정글의 법칙 8계명 ● 42
    - 인간과 자연은 더불어 숲이 된다(공생관계)
10. 정글의 법칙 9계명 ● 46
    - 실력이 없으면 패배하여 사라진다(자연도태)
11. 정글의 법칙 10계명 ● 50
    - 정글의 생존비법을 많이 알아야 한다(생존지수)

2부 정글캠프, 사업 체험하기

12. 정글에선 돈보다 칼이 유용하다 ● 56
13. 정글을 보호하자 ● 60
14. 희소성과 선택의 문제 ● 64
15. 어린이 경제나라 개국 ● 68
16. 기업가 정신 ● 72
17. 신나는 사업체험 ● 76
18. 마케팅이 살길이다 ● 80
19. 성공스토리를 만들자 ● 84
20. 영수증을 주고 받자 ● 88
21. 우리 회사에 투자하세요 ● 92
22. 생각의 주머니를 키우자 ● 96

3부 정글리더, 타잔의 경제탐험

23. 보이지 않는 비즈니스 전쟁 ● 102
24. 미래를 만드는 창조적 인재 ● 106
25. 성공을 도와주는 멘토 ● 110
26. 타잔의 매력은 눈빛?! ● 114
27. 정체성을 찾아라 ● 118
28. 나만의 신무기를 만들자 ● 122
29. 힘이 되는 친구 ● 126
30. 기초체력만이 살길 ● 130
31. 몸과 마음의 불필요한 것을 빼자 ● 134
32. 시련을 이겨라 ● 138
33. 나만의 인맥관리법 만들기 ● 142
34. 새 분야에 도전하는 노력 ● 146
35. 신무기를 개발하자 ● 150
36. 새로운 지식과 정보를 빨리 익히자 ● 154
37. 현지 언어를 배워라 ● 158
38. 칭찬은 원숭이도 춤추게 한다 ● 162
39. 나만의 목소리를 갖자 ● 166
40. 건강한 경쟁 ● 170
41. 창조는 리더를 만드는 씨앗 ● 174
42. 긍정의 씨앗은 긍정의 힘을 만든다 ● 178
43. 화려한 꽃에 속지 말자 ● 182
44. 배려는 리더의 기본 ● 186
45. 도전은 기업가의 덕목 ● 190

 **4부** 경제탐험, 함께해요

46. 기록하는 습관을 갖자 ● 196
47. 좋은 것은 널리 알려라 ● 200
48. 꿈이 있어야 무엇이든 즐겁다 ● 204
49. '타잔월드' 탄생 ● 208
50. 경제탐험으로 멋진 미래를 ● 212

1부 정글나라, 정글의 법칙

제1회 제인김 박사의 정글특강

- 정글나라 시장경제 : 복잡한 경제원리를 타잔이 살고 있는 정글나라에 비유하여 쉽고 재미있게 표현한 경제교육 신조어이다.

아빠(강석기) - 대호의 아버지.
자상하시며, 산을 좋아한다.
직업은 소설가.
대호와 함께 자주 산에 오르며,
평소 환경보호에 관심이 많다.

· 제인김 박사 : 세계적인 침팬지 연구가이며, 환경 운동가인 제인 구달(Jane Goodall) 박사가 실존 모델

정글은 사나운 맹수들이 사는 곳입니다. 이곳에선 힘이 세야 살아남을 수 있죠. 그런데 이러한 정글은 21세기, 우리가 살고 있는 현실과 매우 흡사합니다. 강연을 통해 정글에서 우리가 배울 점이 무엇인지 찾을 수 있을 것입니다.

· 맹수 : 주로 육식을 하는 사나운 짐승. 사자나 범 따위
· 정글 : 나무들이 빽빽하게 들어선 깊은 숲. 밀림

제2회 정글의 법칙 1계명
― 힘이 최고다 (약육강식)

- 경제탐험 : 신세계를 모험하듯 경제 공부를 재미있게 탐험하며 배우자는 의미

정글은 치열한 경쟁을 하는 세계예요.
치열한 경쟁이 존재하는 21세기와 같죠.

즉, 개인과 개인 간의 경쟁,
국가와 국가 간의 경쟁에서의 '힘'은
군사력과 경제력을 말합니다.

· 약육강식 : 약한 자가 강한 자에게 먹힌다는 뜻

- 창의력 : 새로운 것을 생각해 내는 능력
- 디지털 정글 : 기술 발전과 경쟁 심화로 나타나는 디지털 사회를 비유하는 말

- 카멜레온 : 도마뱀과 비슷하나 머리는 투구 모양이고, 네 다리와 꼬리가 길다. 주위의 환경, 광선, 온도 따위에 따라 피부색이 변함
- 변화 : 사물의 성질, 모양, 상태 따위가 바뀌어 달라짐

- 블로그 : 네티즌이 자신의 관심사에 따라 자유롭게 칼럼, 일기, 취재 기사 따위를 등을 올리는 웹 사이트

제4회 정글의 법칙 3계명
— 우리는 눈앞도 예측할 수 없다 (시계제로)

· 시계제로 : 나무가 우거져 앞을 제대로 볼 수 없는 상황. 시계 ZERO
· 불확실성 : 변화가 극심하여 미래를 예측할 수 없는 상태

 · 방향감각 : 공간적으로 자기의 위치와 방향을 지각할 수 있는 능력
· 경쟁상대 : 같은 목적에 대하여 이기거나 앞서려고 서로 겨루는 상대방

제5회 **정글의 법칙 4계명**
- 위험은 미리 알면 차단할 수 있다 (위기관리)

- 사파리 : 야생 동물을 놓아 기르는 자연공원에서 자동차를 타고 차 안에서 구경하는 일
- 식중독 : 음식물 가운데 함유된 유독 물질의 섭취로 생기는 급성 소화기 질환

· 위기관리 : 천재(天災)나 인위적인 비상사태, 전쟁 따위의 위기 상황을 예방하고 그에 적절하게 대처해 나가는 일

제6회 정글의 법칙 5계명
— 자연에는 보이지 않는 손이 있다 (경제원리)

- 함정 : 짐승 따위를 잡기 위하여 땅바닥에 구덩이를 파고 그 위에 약한 너스레를 쳐서 위장한 구덩이
- 빌헬름텔 : 독일의 작가 실러가 1804년에 발표한 희곡 주인공으로 아들의 머리 위에 사과를 놓고 활로 쏘아 맞힌 명궁임

- 아담 스미스 : '경제학의 아버지'라고 불리는 근대 경제학자
- 보이지 않는 손 : 시장을 국가의 간섭 없이 내버려 두면 자연스레 공급과 수요가 균형을 이루고 적당한 선에서 가격이 결정되어 합리적이고 효율적인 경제상태가 마련된다는 아담 스미스의 이론

제7회 정글의 법칙 6계명
— 자연은 변화하며 발전해 왔다 (자연진화)

영국의 생물학자 다윈은 말했어요.

"자연세계는 우성이 살아남는다!"

즉, 진화는 변화에 강한 우성 유전자에 의해 계속된다고 했죠.

그러나 인간은 자연보다 기술과 과학의 발전을 더 중요하게 생각해요.

인터넷 역시 인간이 발명한 놀라운 기술혁명이죠.

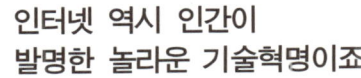

인터넷을 만든 사람들은 천재가 틀림없어.

맞아. 그래서 인간은 위대하지. 크하하하.

하지만 때로는 원자폭탄 같은 무시무시한 것을 만들기도 했어요.

다 쓸어버리겠다!!
쿠앙!!

- 다윈 : 생물 진화론 정립에 공헌한 생물학자로 '종의 기원' 등을 저술
- 유전자 : 생물체의 유전 형질을 발현시키는 원인이 되는 인자. 본체는 디엔에이(DNA)임
- 원자폭탄 : 원자핵이 분열할 때 생기는 에너지를 이용한 폭탄. 엄청난 에너지와 폭발력을 갖고 있고, 2차 세계대전 시 일본에 투하되었음

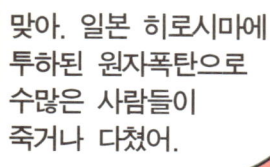

- **진화** : 생물이 외계(外界)의 영향과 내부의 발전에 의하여 간단한 구조에서 복잡한 구조로, 하등(下等)한 것에서 고등(高等)한 것으로 발전하는 일

제8회 정글의 법칙 7계명
― 자연은 생태계를 이루고 있다(먹이사슬)

- 먹이사슬 : 생태계에서 먹이를 중심으로 이어진 생물 간의 관계(초식동물〈육식동물)
- 가치사슬 : 경제활동의 결과로 제품과 서비스의 가치가 높아지는 관계의 비유

- 정보사슬 : 정보활동으로 많은 정보가 유통되고 소비되면서 정보네트워크를 이룸
- 고객만족 : 고객의 기대에 부응함으로써 만족감을 주고, 지속적인 재구매 활동과 수평적 인간관계를 형성

제9회 정글의 법칙 8계명
– 인간과 자연은 더불어 숲이 된다 (공생관계)

한국 축구 대표선수들과 붉은 악마의 관계 역시 마찬가지예요.

대~한민국 오~ 필승 코리아~!! 와아아~ 짝짝짝~짝짝

스포츠에서 응원은 정말 중요해요. 응원단은 선수들의 멋진 플레이에 기뻐하며 스트레스를 날리고, 선수들 역시 응원 덕분에 힘을 내죠.

그래서 우리나라가 월드컵 4강에 오를 수 있었구나.

오호라

그걸 이제 알았단 말이야?

뭐엇?!

요녀석들, 조용히 좀 해라!

콩 콩 아얏!

· 공생관계 : 서로의 존재가 서로를 도와가며 살아가는 관계

- 아웃소싱 : 기업 업무의 일부 프로세스를 경영 효과 및 효율의 극대화를 위한 방안으로 제3자에게 위탁해 처리하는 것을 말함
- 광합성 : 녹색식물이 빛에너지를 이용해 이산화탄소와 물로부터 유기물을 합성하는 작용

- **산업혁명** : 18세기 후반부터 약 100년 동안 유럽에서 일어난 생산 기술과 그에 따른 사회 조직의 큰 변화. 수공업적 작업장이 기계 설비에 의해 큰 공장으로 전환되었는데, 이로 인하여 자본주의 경제가 확립되었음

- 리더 : 조직이나 단체 따위에서 전체를 이끌어 가는 위치에 있는 사람. 지도자
- 자연도태 : 동종의 생물 개체 사이에 일어나는 생존경쟁에서 환경에 적응한 것이 생존하여 자손을 남기게 되는 일

- **증권시장** : 증권이 발행되어 투자자에게 취득되기까지의 과정 및 투자가 상호 간에 증권이 유통되는 과정을 총괄하는 시장

- DMB : 영상, 음악 등 각종 멀티미디어 신호를 각종 휴대 단말기에 디지털 방식으로 전송하는 방송 서비스(Digital Multimedia Broadcasting)
- 재테크 : '재무 테크놀로지'를 줄여 이르는 말로 재산 증식의 기술
- 펀드 : 투자신탁의 신탁 재산. 기금

· 금융지수(F.Q.) : 금융관련 지식과 활동능력을 표현한 것
· 행복지수(H.Q.) : 행복한 삶을 위해 필요한 지식과 능력을 표현한 것
· 생존지수 : 생존하는 지식과 능력을 지수로 표현한 것으로 높을수록 좋음

1부 정글나라, 정글의 법칙

TV, 영화와 애니메이션으로 익숙한 밀림의 왕자 타잔. 그를 통해 약육강식과 적자생존 등 냉혹한 정글의 법칙이 존재하는 흥미진진한 정글 속에서 정글표범과 사냥꾼에 대응해 펼치는 생존전략을 통해 시장의 법칙과 21세기 경영법을 총망라해 볼 수 있습니다. 정글나라 시장경제는 쉽고 재미있는 경제와 경영이야기를 담은 정글스토리입니다. 정글의 법칙을 모르면 맹수들의 먹이가 될 수밖에 없듯이, 사회의 법칙을 모르면 경쟁자와 적들에게 패하고 말 것입니다. 정글의 법칙을 소개합니다.

① **시계제로와 무한경쟁** : 나무가 우거져 앞을 제대로 볼 수 없는 시계제로인 상황처럼 직장인과 기업의 미래는 앞을 예측할 수 없는 무한경쟁의 세계입니다.

② **적자생존과 시장적응** : 정글에 적응하는 동물만이 살아남는 적자생존처럼 기업도 시장과 고객이 원하는 것을 만들어내며 시장 적응을 잘하는 기업만이 생존할 것입니다.

③ **약육강식과 M&A** : 강한 놈이 약한 놈을 잡아먹는 약육강식의 정글 법칙처럼 기업도 강한 기업과 세계일류 기업만이 살아남아 약한 기업을 흡수합니다.

④ **위험천만과 위기관리** : 표범 같은 맹수와 독충들이 득실대는 위험천만의 정글처럼 기업도 곳곳에 사업과 경영의 위기가 있는데 위기관리를 잘하는 기업이 성장합니다.

단원 총정리

⑤ 생존본능과 시장경제 : 정글의 생존본능은 먹지 못하면 죽는 것인데, 기업도 상품과 서비스를 팔아 수익이 없으면 망하는 것이 시장경제의 원리이며 자본주의의 기본입니다.

⑥ 진화이론과 발전이론 : 자연 세계는 열성보다 우성의 종자가 살아남고 진화한다는 진화이론이 있고, 인간 세계의 역사와 기술은 계속 발전한다는 발전이론이 있습니다.

⑦ 먹이사슬과 유통사슬 : 자연에는 생태계의 생존을 이어주는 먹이사슬이 존재하듯, 사회에는 이익과 가치를 확대 생산하는 유통사슬과 가치사슬이 존재합니다.

⑧ 공생관계와 상생관계 : 정글은 치열한 생존의 법칙이 있지만 동식물이 생존하는 공생관계이듯, 사회도 치열한 경쟁이 있지만 함께 살아가는 상생관계를 추구합니다.

⑨ 자연도태와 퇴출기업 : 영원한 리더가 없는 것이 정글의 특징입니다. 사회에도 영원한 승자와 강자는 없습니다.

⑩ 생존지수와 경제지수 : 정글에서는 생존을 위한 자신만의 비법이 존재하듯, 사회도 경제지수가 높아야 발전할 수 있습니다. 강자가 살아남는 게 아니라 살아남는 자가 강한 것입니다.

2부 정글캠프, 사업 체험하기

제12회 정글에선 돈보다 칼이 유용하다

근데 타잔이 정말 팬티를 10원에 샀을까? 아무리 생각해도 이해가 안돼.

바보! 타잔이 정말 팬티를 10원에 샀겠니?

정글에선 돈이 필요 없어. 오직 힘이 최고지.

내가 만약 정글에 떨어지면 모든 것을 자급자족할 수 있을 텐데.

정글에선 아마 돈보다 칼이 더 유용할거야.

아~ 그래서 타잔이 항상 칼을 차고 다녔구나.

오호라~

역시 부전자전이야.

크르릉~

이...이봐...

- 정글경제 : 정글 생태계에서 생활하는 동물들의 세계를 가리키는 말
- 청출어람 : 제자나 후배가 스승이나 선배보다 나음을 비유적으로 이르는 말
- 자급자족 : 필요한 물자를 스스로 생산하여 충당함
- 부전자전 : 아버지가 아들에게 대대로 전함

- 생산 : 인간이 생활하는 데 필요한 각종 물건을 만들어 냄
- 소비 : 욕망을 충족시키기 위하여 재화를 소모하는 일
- 욕구 : 무엇을 얻거나 무슨 일을 하고자 바라는 일
- 재화 : 인간 욕망의 대상이 되는 물질적 수단

- 김선달 : 조선 후기의 풍자적인 인물 봉이 김선달(본명 김인홍). 대동강 물을 판 것으로 유명함
- 환경오염 : 자원개발로 인한 자연의 파괴와 각종 교통기관이나 공장에서 배출하는 가스나 폐수 또는 농약 따위로 동식물이나 인간의 생활환경이 더럽혀지는 일
- 어린이경제신문 : 어린이가 볼 수 있는 세계 최초의 경제신문(www.econoi.co.kr)

몇 십 분 뒤…

헥헥헥…

아저씨!

정글에서 생수사업을 하는 건 어떨까요? 그곳은 물이 공짜잖아요. 헤헷.

공짜라고 모두 좋은 건 아냐. 물이 오염되었을 가능성도 높잖아.

물, 공기, 산림 등 자유재는 노력이나 대가 없이도 마음대로 얻을 수 있었는데 지금 도시에선 노력과 돈을 들여야 하는 경제재가 되었지.

옛날에는 공기가 맑고, 물도 깨끗했다던데…

아~ 제인김 박사와 함께 있었던 칼라가 있었더라면 이럴 때 한마디 해줬을 텐데.

맞아, 칼라는 이 상황을 어떻게 정의 내릴까?

그럼 우리 칼라를 불러볼까?

아야~아

- 경제재 : 경제재는 그 양이 한정돼 있어 희소성이 있고, 그것을 갖고 싶어하는 인간의 욕망도 있다. 따라서 대가를 치러야 얻을 수 있는 자원을 말함
- 자유재 : 자유재는 물이나 공기, 햇빛과 같이 무한히 있어 희소성이 없고 그것에 대한 인간의 욕망도 거의 없어 대가를 치르지 않고 얻을 수 있는 것을 말함

· 희소성 : 인간의 물질적 욕구에 비하여 그것을 충족시켜 주는 물적 수단의 공급이 상대적으로 부족한 경우를 가리키는 말

· 선택 : 여럿 가운데서 필요한 것을 골라 뽑음

- **최소비용과 최대효과** : 희소성의 법칙에서 출발한 경제의 기본원칙. 한정된 자원을 합리적으로 이용하여 최대의 만족을 얻기 위한 경제행위로서, 최소의 비용이나 희생으로 최대의 효과를 거두는 것을 목표로 하는 것이 경제원칙임

제15회 **어린이 경제나라 개국**

- **어린이 경제나라** : 어린이들이 경제를 직접 체험해 볼 수 있도록 만든 경제나라
- **투자** : 이익을 얻기 위하여 주권이나 채권 따위를 구입하는 데 자금을 돌리는 일
- **경제지수** : 경제관련 지식과 활동을 측정하는 지수로서 높을수록 좋음
- **수익** : 기업이 경제 활동의 대가로서 얻은 경제가치

- 멘토 : 선도자(善導者), 좋은 조언자(지도), 교사, 스승
- 스카우트 : 우수한 운동선수 또는 연예인, 기술자와 같은 인재를 물색하고 발탁하는 일

마케팅과 홍보전략을 세우는 과정에서 비즈니스 기초를 알게 될 거예요.

마케팅? 비즈니스?

홍보 전략
마케팅

마케팅이란 제품을 잘 팔기 위한 전략을 세우고, 기획하는 일이야.

대호 너에겐 좀 어려운 일이지.

어경초의 '아이디어맨'인 날 무시하는 거야? 그런 거야?

앞에 세 친구! 조용히 좀 하세요!

버럭!!

다시 본론으로 들어가서…

친구들과 함께 한다면 전혀 어렵지 않습니다. 그럼 본격적으로 경제를 배워볼까요?

네!!

이번만큼은 우리 셋이서 열심히 해 보자구!!

아자!! 아자!!

- 어경초 : 어린이 경제 초등학교를 줄인말
- 마케팅 : 제품을 생산자로부터 소비자에게 원활하게 이전하기 위한 기획 활동. 시장조사, 상품화 계획, 선전, 판매 촉진 따위

71

- **기업** : 영리(營利)를 얻기 위하여 재화나 용역을 생산하고 판매하는 조직체(회사)

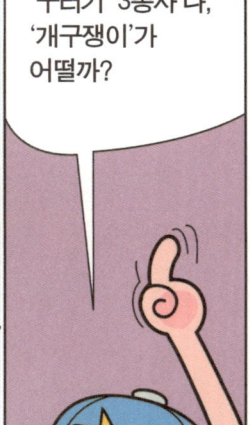

· 사업아이템 : 사업을 하기 위한 한 단위의 데이터 집합(업종과 업태)

- 경영 : 기업이나 사업을 관리하고 운영함
- 리더십 : 무리를 다스리거나 이끌어 가는 지도자로서의 능력. 지도력, 통솔력
- 기획 : 일을 꾀하여 계획함
- 재무 : 돈이나 재산에 관한 일

- 멀티플레이어 : 여러 가지 일을 잘할 수 있는 사람을 가리킴
- 사훈 : 사원이 지켜야 할 회사의 방침

- 제품 : 원료를 써서 물건을 만듦. 또는 그렇게 만들어 낸 물품
- 분석 : 얽혀 있거나 복잡한 것을 풀어서 개별적인 요소나 성질로 나눔
- 서비스 : 생산된 재화를 운반·배급하거나 생산·소비에 필요한 노무를 제공함
- 무용지물 : 아무런 쓸모가 없는 물건

제19회 성공스토리를 만들자

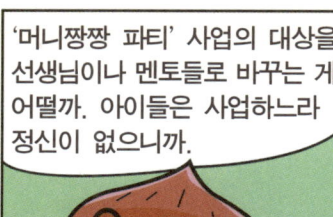
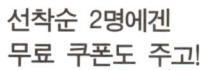

- 홍보 : 널리 알림. 또는 그 소식이나 보도
- 커뮤니케이션 : 사람들끼리 서로 생각이나 느낌 따위의 정보를 주고받는 일. 의사소통
- 투호 : 두 사람이 일정한 거리에서 청홍의 화살을 던져 병 속에 많이 넣는 숫자로 승부를 가리는 놀이

- 목표 : 어떤 목적을 이루려고 지향하는 실제적 대상으로 삼음. 또는 그 대상
- 이윤 : 기업의 총수입에서 임대, 지대, 이자, 감가상각비 따위를 빼고 남는 순이익

- 영수증 : 돈이나 물품 따위를 받은 사실을 표시하는 증서
- 세금계산서 : 과세 사업자가 재화와 용역을 공급할 때 그 공급과 관련된 부가가치세를 거래징수하고 그 거래사실 및 거래내용을 증명하기 위한 일정한 양식의 계산서

· 금융지수(FQ) : 금융관련 지식과 경험을 측정하여 높은 수치가 좋은 것임

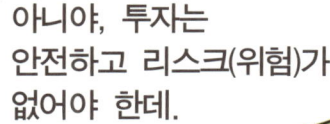

· 투자설명회 : 투자유치를 목적으로 하는 설명회

- **자기 주도적 학습법** : 주입식 교육이 아닌 자기 스스로 목적과 계획을 세워서 하는 공부 방법
- **컨설팅** : 고객이 의뢰한 문제에 대하여 방법론, 전문지식, 관련 정보, 다양한 기법과 도구를 이용하여 해결방안(솔루션)을 제공하는 서비스 활동임

제22회 **생각의 주머니를 키우자**

- **팀워크** : 팀이 협동하여 행하는 동작. 또는 그들 상호 간의 연대. 협동(協同)

· 기업가 : 기업에 자본을 대거나 투자를 받아서 기업의 경영을 담당하는 사람

2부 정글캠프, 사업 체험하기

① **기업가 정신** : 미래를 예측할 수 있는 통찰력과 새로운 것에 과감히 도전하는 혁신적이고 창의적인 정신이 기업가 정신입니다. 기업가 정신의 대표적 학자로는 미국의 경제학자 슘페터(Joseph Alois Schumpeter)를 들 수 있습니다. 그는 새로운 생산방법과 새로운 상품개발을 기술혁신으로 규정하고, 기술혁신을 통해 창조적 파괴(creative destruction)에 앞장서는 기업가를 혁신자로 보았습니다.

② **사업가 활동** : 사업은 자기 주도적 활동입니다. 직원으로 일하는 것이 아닌 창업을 하여 직원들을 이끌며 사업하는 것은 사회적으로 대단히 존경 받는 일입니다. 또한, 자아실현의 한 방법으로 사업은 훨씬 매력적입니다. 하지만, 그만큼 어려움과 위기가 많이 있습니다.

③ **사업아이템** : 사업아이템은 내가 가장 잘 하는 것이나 불편함을 개선하는 것 중에 많이 있습니다. 새로운 것은 항상 기존의 것을 개선하면서 나타납니다. 또한, 전혀 새로운 것을 발견하거나 만들어 내기도 합니다.

④ **재무관리** : 영수증을 받는 것은 재무관리의 기본입니다. 아무리 열심히 사업을 하더라도 재무관리가 형편없으면 부도기업이 되기 십상입니다. 기업을 운영할 때 회계를 아는 것은 그래서 참으로 중요합니다.

단원 총정리

⑤ **동심 속의 비즈니스 비밀** : 아이와 같이 천진난만함 속에 비즈니스 비밀이 있다고 합니다. 좋아하는 것에 매달리고, 친구를 대하는 순수한 마음으로 약속을 지키는 일은 때묻지 않은 동심만의 비밀입니다. 동심의 마음으로 비즈니스를 대한다면 훨씬 아름다워질 것입니다.

⑥ **경제적 이해관계** : 가장 힘들고 어렵지만 가장 쉬운 관계가 경제적 이해관계입니다. 이해타산을 따져가며 자신에게 이득이 될 방법을 찾고 그것을 관철시키려 노력하는 모습은 사회 속에서 흔히 볼 수 있는 것입니다. 사람들이 다툰다면 그 속엔 분명 경제적 이해관계의 다툼이 숨어 있는 것이라 할 수 있습니다.

⑦ **시대 흐름** : 많은 사람들이 원하는 방향으로, 혹은 일정한 방향으로 흘러가는 흐름을 말합니다. 시대 흐름은 시대 정신을 통해 나타나곤 합니다. 시대 흐름은 사람들의 중요한 경제적 변화에 관한 정보를 담고 있습니다. 그것을 잘 파악하면 사업에 있어 큰 성공을 거둘 수 있을 것입니다. 시대 흐름을 파악하기 위해 많은 사람들이 신문과 TV의 뉴스를 보고 책을 보고 있습니다.

3부 정글리더, 타잔의 경제탐험

제23회 보이지 않는 비즈니스 전쟁

- **비즈니스** : 어떤 일을 일정한 목적과 계획을 가지고 짜임새 있게 지속적으로 경영함. 사업
- **타잔** : 영화와 TV의 드라마로 만들어진 애드가 버로스가 쓴 〈유인원 타잔〉에 나오는 주인공

· 동심 : 어린아이의 마음

제24회 미래를 만드는 창조적 인재

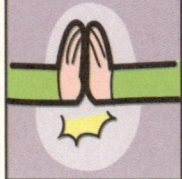

- 예견 : 앞으로 일어날 일을 미리 짐작함
- 일확천금 : 단번에 천금을 움켜쥔다는 뜻으로, 힘들이지 아니하고 단번에 많은 재물을 얻음을 이르는 말
- 인재 : 회사에 근무하는 학식이나 능력이 뛰어난 사람

그 사람들은 미래를 어떻게 알아요?

방법은 다양해. 통계 자료나 설문 조사를 통해 새로운 모델과 상품을 개발하지.

TV에서 봤는데, 21세기에는 창조적 인재가 필요하대요.

맞아. 지금은 지식정보화 시대에서 창조화 시대로 바뀌고 있어.

새로운 것을 만들어내지 못하면 경쟁에서 살아남기 힘들지.

새로운 것을 만들어내지 못하면 경쟁에서 살아남기 힘들지.

타잔 역시 힘은 약했지만…

타잔 살려!

동물들이 만들 수 없는 '돌창'이라는 무기를 만들었잖아.

후다닥!

- 지식정보화 시대 : 지식과 정보가 상품화하는 현재 시대
- 창조화 시대 : 지식정보화 시대를 넘어 새로운 것을 생각하고 창조하는 일이 역사적 대세가 되는 사회

제25회 성공을 도와주는 멘토

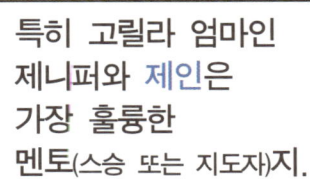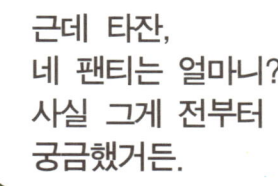

· 제인 : 타잔의 여자친구로 정글에서 타잔에게 문명세계의 지식을 가르쳐줌

· 비전 : 내다보이는 장래의 상황. 이상, 전망

제26회 타잔의 매력은 눈빛?!

· 매력 : 사람의 마음을 사로잡아 끄는 힘

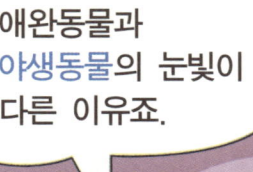

- 야생동물 : 산이나 들에서 저절로 나서 자라는 동물
- 성공 : 목적하는 바를 이룸

· 전투력 : 전투를 수행할 수 있는 역량

제27회 **정체성을 찾아라**

· 정체성 : 변하지 아니하는 존재의 본질을 깨닫는 성질. 또는 그 성질을 가진 독립적 존재

제28회 **나만의 신무기를 만들자**

· 우량기업 : 수익성과 성장성 등에서 가장 상태가 좋은 기업

사냥꾼은 사냥보다 돈벌이에만 혈안이 돼 있어.

사냥꾼은 지도와 나침반, 전략이라는 '지식의 무기'도 갖고 있어요.

이히~ 김 박사님… 오늘은 차트까지 준비해 오셨네요?

타잔~그럼 넌 어떻게 사냥꾼을 대비했니?

먼저, 난 제인에게 사람들의 지식과 언어를 배웠어.

덕분에 사냥꾼의 말과 지식을 미리 알고, 대비할 수 있었지.

타잔, 너도 공부를 했구나.

역시

유비무환(有備無患)이야.

· 유비무환 : 미리 준비가 되어 있으면 걱정할 것이 없음

· 지구촌 : 지구 전체를 한 마을처럼 여겨 이르는 말
· 세계화 : 세계 여러 나라를 이해하고 받아들임. 또는 그렇게 되게 함

 제29회 **힘이 되는 친구**

- **통과의례** : 출생, 성년, 결혼 등과 같이 사람의 일생 동안 새로운 상태로 넘어갈 때 겪어야 할 의식을 통틀어 이르는 말
- **피라니아** : 남아메리카 아마존강 유역에 분포하며, 이빨이 강하고 사나워서 다른 고기를 잡아 먹는다

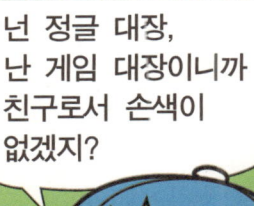

- 기초체력 : 몸의 기본이 되는 체력
- 생존전략 : 생존을 위한 다양한 경쟁에서 살아남는 비결
- 소비자 : 재화를 소비하는 사람

제31회 몸과 마음의 불필요한 것을 빼자

- **전략** : 전쟁을 전반적으로 이끌어 가는 방법이나 책략. 전술보다 상위의 개념
- **헝그리정신** : 맨주먹 정신. 끼니를 잇지 못할 만큼 어려운 상황에서도 꿋꿋한 의지로 역경을 헤쳐 나가는 정신

- **개과천선** : 지난날의 잘못이나 허물을 고쳐 올바르고 착하게 됨

제32회 시련을 이겨라

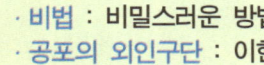
- 비법 : 비밀스러운 방법
- 공포의 외인구단 : 이현세의 만화로 혹독한 훈련을 이겨내어 승리를 이룬다는 내용

제33회 **나만의 인맥관리법 만들기**

대호가 열심히 밧줄타기를 연습하고 있다.

에고 에고~

밧줄타기 실력은 좀 늘었니?

헉

주르륵~

쿵!

매일 연습하는데 잘 안돼.

에구구~ 머리야~

참, 넌 누구한테 배웠니?

원숭이한테 배웠어

원숭이?

응!

원숭이는 밧줄타기의 고수거든.

· 고수 : 어떤 분야나 집단에서 기술이나 능력이 매우 뛰어난 사람

· 네트워크 : 통신 설비를 갖춘 컴퓨터를 이용하여 서로 연결시켜 주는 조직이나 체계
· 오프라인 : 컴퓨터 단말기의 입출력 장치 따위가 연결되어 있지 아니하여 중앙처리장치의 직접적인 제어를 받지 아니하는 상태

자신만의 **인맥**관리 방법을 통해

우리는 **오프라인**과 **온라인**을 통해 네트워크로 연결돼 있어요.

A ←오프라인→ B
← 온라인

타잔처럼 줄 타는 방법을 배워야 해요.

이히히~ 부끄부끄~

대호야~ 넌 좀 더 연습 해야겠…어?

어디 가셨을까?

나만의 네트워크를 만들자!

오늘은 그만 했으면 하는 바람이 있는데. 내가 먼저 피켓을 들어야지!

· **온라인** : 컴퓨터의 단말기가 중앙처리장치와 통신 회선으로 연결되어 정보를 전송하고, 중앙처리장치의 직접적인 제어를 받는 상태
· **인맥** : 정계, 재계, 학계 따위에서 형성된 사람들의 유대 관계

제34회 새 분야에 도전하는 노력

타잔네 집…

어?

타잔, 얘는 누구냐?

아~ 제인?

내 친구야~

지금은 문명세계로 갔어. 방학을 하면 다시 올 거야.

제인과는 어떻게 만났니?

예쁘니?

우아!

우아!

제인 어서 돌아와~

음… 제인은 정글의 얼짱이야

정글에 와서 위험에 빠졌는데 내가 구해줬지

그것도 멋지게 해냈지~ 으흠

그건 그렇고,

고릴라들은 같이 안 배웠지?

고릴라들도 글을 배우면 좋을 텐데.

고릴라들은 낯선 것에 대한 두려움과 피해의식이 있어서 무조건 피하려고 해.

특히 사람에 대해서는 더 경계하지.

사람은 경계대상 1호야!

여기서 잠깐!!!

현대 사회는 **전략적 제휴**가 중요해요.

으앗! 깜딱이야!!

· **전략적 제휴** : 전략을 위해 행동을 함께하기 위하여 서로 붙들어 도와줌

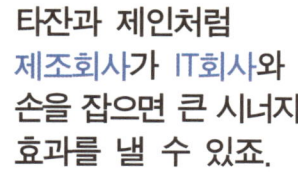

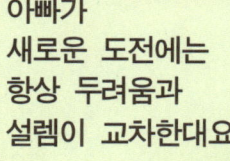

- 제조회사 : 공장에서 큰 규모로 물건을 만드는 오프라인 회사
- IT회사 : 소프트웨어와 인터넷을 기반으로 한 온라인 회사

제35회 **신무기를 개발하자**

사냥꾼 쾅! 으악!

응. 코뿔소의 뿔처럼 강한 무기가 있다면 싸움에 훨씬 유리할 거라 생각했지.

정글 신무기인 **돌창**을 만들었구나.

박치기가 아니었어!!

그래~ 그리고 돌창 사용법도 익혔어.

멋지지?

과일을 따고, 표범과 사냥꾼을 상대하는 데 사용했지.

역시! 게임이나 정글에서나 무기가 꼭 필요해. 음.

· 아이디어 : 어떤 일에 대한 구상. 고안, 생각, 착상, 착안
· 아이디어맨 : 뛰어난 아이디어를 생각해 내는 사람

· 신무기 : 전쟁에 사용되는 새로운 기구를 통틀어 이르는 말

· 경쟁력 : 경쟁할 만한 힘. 또는 그런 능력

제36회 **새로운 지식과 정보를 빨리 익히자**

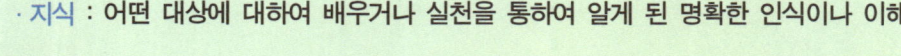
· 지식 : 어떤 대상에 대하여 배우거나 실천을 통하여 알게 된 명확한 인식이나 이해

· 기술 : 사물을 잘 다룰 수 있는 방법이나 능력

# 제37회 현지 언어를 배워라

- 관습 : 어떤 사회에서 오랫동안 지켜 내려와 그 사회 구성원들이 널리 인정하는 질서나 풍습
- 문화 : 자연 상태에서 벗어나 일정한 목적 또는 생활 이상을 실현하고자 사회 구성원에 의하여 습득, 공유, 전달되는 행동양식이나 생활양식의 과정 및 그 과정에서 이룩하여 낸 물질적·정신적 소득을 통틀어 이르는 말. 의식주를 비롯하여 언어, 풍습, 종교, 학문, 예술, 제도 따위를 모두 포함

기업 역시 현장의 목소리를 듣고,

현지화 전략을 잘 세워야 하죠.

아빠 말씀이 전문직 종사자들은 그들만의 용어를 사용한대요.

해외진출의 성공전략은 언어의 현지화예요.

외국인과 친해지려면 먼저 말을 배우거나 관련 지식을 익혀야 돼요.

음~ 그러고 보니 고릴라들 역시 다른 동물들은 경계해요.

· 언어 : 생각, 느낌 따위를 나타내거나 전달하는 데에 쓰는 음성, 문자 따위의 수단. 또는 그 음성이나 문자 따위의 사회 관습적인 체계

제38회 칭찬은 원숭이도 춤추게 한다

- 직원 : 일정한 직장에 근무하는 사람을 통틀어 이르는 말
- 충성심 : 임금이나 국가에 대하여 진정으로 우러나오는 정성스러운 마음

- 이벤트 : 불특정의 사람들을 모아 놓고 개최하는 잔치. 사건, 행사
- 칭찬 : 좋은 점이나 착하고 훌륭한 일을 높이 평가함. 또는 그런 말

· **공익캠페인** : 기업이나 단체가 공공의 이익을 목적으로 하는 사회·정치적 목적 따위를 위하여 조직적이고도 지속적으로 행하는 운동. 계몽 운동, 계몽 홍보

· 메아리 : 울려 퍼져 가던 소리가 산이나 절벽 같은 데에 부딪쳐 되울려 오는 소리

21세기는 자신의 목소리를 제대로 전달하는 능력이 필요한 시대예요.

'아아~아'는 훌륭한 정글 커뮤니케이션이에요. 멀리 퍼져 많은 동물들이 알죠.

상대방에게 내 생각을 어떻게 전달하느냐가 중요한 거군요.

기업과 개인은 고객 만족과 성공을 부르는 커뮤니케이션 능력을 키워야 해요.

음거니!

맞아요!

게임 중에 채팅으로 서로 정보를 교환하는 건 아주 중요하죠. 헤헤.

어이쿠!!

· 채팅 : 컴퓨터의 전자 게시판이나 통신망에서 여러 사용자가 다양한 주제를 가지고 실시간으로 모니터 화면을 통하여 대화를 나누는 일

제40회 **건강한 경쟁**

- 지식 : 어떤 대상에 대하여 배우거나 실천을 통하여 알게 된 명확한 인식이나 이해
- 탐욕 : 지나치게 탐하는 욕심

- 다크호스 : 정계 선거운동이나 경기 따위에서 아직 잘 알려지지 아니하였으나 뜻밖의 변수로 작용할 수 있는 유력한 경쟁자
- 블록버스터 : 초대형 히트작 영화

제41회 창조는 리더를 만드는 씨앗

- **노하우** : 특허하지 아니한 기술로서 기술 경쟁의 유력한 수단이 될 수 있는 정보나 경험 따위의 비밀 기술 정보. 특허권과 달리 공시(公示)되는 것이 아니라 개별 계약에 의하여 양도되거나 실시 허락이 이루어진다. 기술, 비결, 비법

- **지식경영** : 조직구성원 개개인의 지식이나 노하우를 체계적으로 발굴하여 조직 내 보편적인 지식으로 공유함으로써, 조직 전체의 문제해결 능력을 비약적으로 향상시키는 경영방식
- **혁신** : 묵은 풍속, 관습, 조직, 방법 따위를 완전히 바꾸어서 새롭게 함

- 핵심가치 : 사물이 지니고 있는 쓸모의 가장 중요한 것
- 지혜 : 사물의 이치를 빨리 깨닫고 사물을 정확하게 처리하는 정신적 능력

제42회 긍정의 씨앗은 긍정의 힘을 만든다

· 현명 : 어질고 슬기로워 사리에 밝음

· 긍정 : 그러하다고 생각하여 옳다고 인정함
· 희망 : 앞일에 대하여 어떤 기대를 가지고 바람

- 안주 : 현재의 상황이나 처지에 만족함
- 도전 : 어려운 사업이나 기록 경신 따위에 맞섬을 비유적으로 이르는 말

제43회 **화려한 꽃에 속지 말자**

- **독버섯** : 독이 있는 버섯. 대개 빛깔이 아름답고 끈끈하며 신경 조직, 소화 기관, 혈관, 피부 따위를 파괴한다
- **유혹** : 꾀어서 정신을 혼미하게 하거나 좋지 아니한 길로 이끎

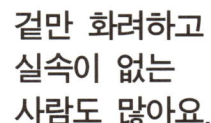

· 경계 : 예기치 못한 사고가 생기지 않도록 주변을 살펴서 지킴

- 진실 : 거짓이 없이 참되고 바름

제44회 **배려는 리더의 기본**

· 배려 : 도와주거나 보살펴 주려고 마음을 씀

"친구가 갑자기 화를 내면 그 이유를 먼저 생각해야 해요~"

"어떤 일로 극심한 스트레스를 받고 있을지도 모르기 때문이죠."

박사님!

"그때는 함께 화를 내는 것보다 휴식을 취하라고 얘기해 보세요."

"저희 선생님께서도 역시 남을 배려해야 한다고 하셨어요."

"리더는 주변 사람들을 배려하고, 이해해야 해요."

배려 이해

"타잔, 내 마음을 이해해줘서 고마워."

"뭐, 이런 것 가지고…"

배려는 리더의 기본 덕목이다

· 휴식 : 하던 일을 멈추고 잠깐 쉼
· 이해 : 사리를 분별하여 해석함

· 고생 : 어렵고 고된 일을 겪음. 또는 그런 일이나 생활

타잔~~!!

뭐야 뭐! 대호야, 왜 그래?

타잔을 만났어요.

정글에서 타잔의 성공비법도 배웠어요.

어흠~! 어제 비디오를 많이 봤구나.

악몽을 꾼 거야. 빨리 자라.

분명히 타잔과 같이 있었는데…

이상하다.

썩은 줄

타잔과 헤어지고 썩은 줄을 잡아서 떨어진 것 같은데…

그럼 밧줄이 정글과 문명을 연결해주는 마법의 밧줄인 건가?!

어쨌든… 집에 오긴 온 거로군~

보고 싶을 거야~ 타잔…

· 문명 : 인류가 이룩한 물질적, 기술적, 사회 구조적인 발전. 자연 그대로의 원시적 생활에 상대하여 발전되고 세련된 삶의 양태를 뜻함

3부 정글리더, 타잔의 경제탐험

타잔의 경제탐험을 통해 위험이 도사리고 있는 자연 정글과 치열한 경쟁이 펼쳐지는 도시 정글을 비교하여 시장에 대한 이해를 돕고, 정글의 수호신이 된 타잔을 통해 도시 정글의 CEO가 되는 방법을 쉽고 재미있게 타잔법칙을 알려드립니다.

① **팬티만 입어라** : 군더더기를 잔뜩 걸치고 있으면 기동력이 떨어져 경쟁에서 뒤처지게 마련입니다. 팬티만 입듯이 군살을 제거하여, 거품 없는 경제가 되어야 합니다.

② **힘센 동물들을 많이 사귀어라** : 어려울 때 도움이 되어 줄 동물들을 평소 확보해 두고 있으라는 뜻입니다. 평소 우량 기업들과 전략적인 제휴추진, 긴밀한 협조관계를 유지해야 합니다.

③ **줄을 잘 타라** : 줄은 타잔의 스피드를 확보해 주는 유일한 도구이자 운송수단입니다. 줄은 온라인 시대에 기업과 기업, 인간과 인간을 이어 주는 연결도구입니다.

④ **침입자로부터 정글을 보호하라** : 험난한 환경 속에서 살아남으려면, 생태계 파괴 세력에 공동으로 대처해야 합니다. 시장과 업계를 공동으로 지켜야 합니다.

⑤ **강인한 체력을 길러라** : 타잔에게는 어떠한 적의 공격도 이겨낼 수 있는 강인한 체력이 생존의 전제 조건입니다. 일반 기업의 강인한 체력이란 기술과 아이템입니다.

단원 총정리

⑥ **나 타잔은 제인과 동거한다** : 제인은 문명사회에서 온 여인. 타잔은 제인으로부터 문명사회의 지식을 배웁니다.

⑦ **나한테는 치타가 있다** : 치타는 타잔의 충실한 조수. 좋은 기업은 그 기업의 충성스러운 직원들을 만드는 것입니다.

⑧ **나를 키운 것은 고릴라다** : 타잔은 고릴라로부터 약육강식이라는 자연법칙에 따른 현실 생존방법을 익힙니다. 강인한 생명력과 현실적응력이 기업 생존의 원동력입니다.

⑨ **나는 뭐든지 빨리, 열심히 배운다** : 타잔은 맹수들로부터 연약한 자신을 보호하기 위해 지식을 무기로 활용합니다. 현대기업에서 신지식·신기술 흡수, 외국어 체득 등 학습이 중요한 요소입니다.

⑩ **나만의 목소리를 갖자** : 정글에서 위험에 빠지거나 승리의 함성을 외칠 때 "아아~아!"라고 정글메아리를 부르듯, 개인과 기업은 자신만의 목소리가 필요합니다.

4부 경제탐험, 함께해요

제46회 기록하는 습관을 갖자

· 조사 : 사물의 내용을 명확히 알기 위하여 자세히 살펴보거나 찾아봄

· 기록 : 주로 후일에 남길 목적으로 어떤 사실을 적음. 또는 그런 글

- 습관 : 어떤 행위를 오랫동안 되풀이하는 과정에서 저절로 익혀진 행동 방식

제47회 **좋은 것은 널리 알려라**

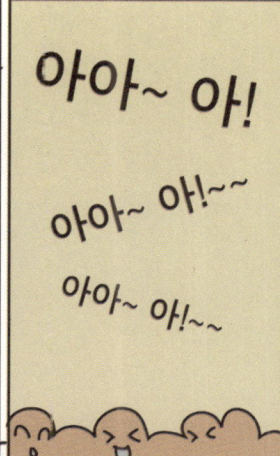

· 전파 : 전하여 널리 퍼뜨림

제48회 **꿈이 있어야 무엇이든 즐겁다**

· DVD : 디지털 비디오 디스크

· 침착 : 행동이 들뜨지 아니하고 차분함

· 야성 : 자연 또는 본능 그대로의 거친 성질

제50회 **경제탐험으로 멋진 미래를**

- 네티즌 : 네트워크 시민(network citizens)이라는 뜻으로 인터넷이 발달하면서 만들어진 용어. 통신망상에서는 정치, 경제, 문화, 비즈니스, 생활 등 다양한 정보가 유통되고 있으며, 가상(假想)세계를 만들어 두고 그곳에 접속하려는 사람을 '전자 통신망 안의 시민'이라고 한다.

- 빌게이츠 : 세계 최대의 갑부이며 마이크로소프트사의 회장
- 잭웰치 : GE(제너럴 일렉트릭)의 전 회장
- 워렌버핏 : 미국의 유명한 투자자
- 조지소로스 : 미국의 유명한 펀드회사 회장

지금까지 '정글나라 시장경제'를 사랑해주신 독자 분들께 감사드립니다.

- 경제탐험 : 경제를 모험하듯 재미와 호기심으로 배우자는 의미
- 행복탐험 : 행복을 찾는 과정이 신세계를 모험하듯 경제탐험을 통해 하자는 의미

4부 경제탐험, 함께해요

① **기록하는 습관** : 인류의 문명은 기록에서부터 출발했다고 해도 과언이 아닐 것입니다. 기록은 기억을 지배한다는 말도 있는데, 좋은 기록은 한 사람의 인생이며, 한 나라의 역사가 됩니다. 기록하는 습관은 어릴 때부터 익히는 게 중요합니다. 일기를 쓰는 습관은 그래서 중요합니다. 숙제와 검사를 위해서 쓰는 게 아닌 자신의 일생을 기록하기 위해 쓰는 연습을 해야 합니다. 기록을 해야 아이디어와 새로운 생각들이 정리되어 유용하게 사용할 수 있습니다.

② **홍보와 광고** : 자신을 알리는 것은 21세기에 반드시 필요한 하나의 능력이 되었습니다. 특히, 좋은 것을 널리 알리는 기술은 일찍부터 연마해야 합니다. 기업도 아무리 우수하고 좋은 제품을 생산해도 홍보를 하지 못하면 시장에서 잊혀집니다. 홍보와 광고는 기업 경영에 있어서는 필수 요소입니다.

③ **꿈과 비전** : 꿈과 비전을 갖고 있느냐에 따라 미래가 달라집니다. 보는 관점이 달라지고 하는 행동이 변하게 됩니다. 꿈을 찾다 보면 어느새 꿈에 가까워지게 됩니다. 막연한 꿈보다 구체적인 꿈과 책임감 있는 비전이 있다면 현실이 훨씬 즐거워질 것입니다. 무엇을 어떻게 해야 될 이유가 분명하니까요.

④ **성공** : 자신이 하고 싶은 일을 하며, 사회적으로도 자리를 잡고, 칭찬받을 수 있다면 성공한 것이겠죠. 성공의 반대말은 실패가 아니라 무도전입니다. 실패할지라도 도전하는 에너지를 받으면 성공의 밝은 빛은 온다고 합니다.

단원 총정리

⑤ **타잔 빨리 배우기** : 타잔 DVD를 빌려서 본 후 산에 올라가 타잔을 생각하며 정글메아리인 "아아~아"를 외칩니다. 타잔이 준 힌트와 자극을 금방 느낄 수 있을 것입니다. 타잔은 우리의 가슴속에 있으며 언제든 정글로 갈 준비가 되어 있습니다.

⑥ **타잔의 멘토** : 타잔에겐 훌륭한 멘토가 있었습니다. 타잔이 힘센 고릴라 틈바구니에서 대장이 될 수 있었던 것은 고릴라 엄마의 도움이 컸습니다. 제인을 통해서는 문명세계의 지식과 말을 배웁니다. 훌륭한 사람이나 성공하는 기업가에겐 훌륭한 멘토가 주위에 많이 있습니다. 가족이든, 친구든, 선배든, 스승이든, 직원이든, 책 속의 인물이든, 우리가 밝은 눈으로 찾으면 보일 것입니다. 훌륭한 멘토의 말 몇 마디는 실패하고 좌절하는 사람과 기업에게 위로와 새로운 희망을 줍니다.

감사의 글

'타잔 아이디어'를 처음 생각한 지가 2000년 11월이니 벌써 7년이나 되었습니다. 이 시간 동안 많은 분들의 도움이 없었다면 아직도 타잔 아이디어는 빛을 보지 못했을 것입니다.

〈유인원 타잔〉으로 타잔의 원 작가인 애드가 버로스, '타잔 아이디어'를 키워주신 영컴의 박상후 부국장님과 웹나라 동료였던 정휘경, '벤처 타잔'의 진원지가 되었던 홍오성 사장님, 청소년 금융 경제 강의를 허락해 주신 (사)청소년금융교육협의회의 오춘석 국장님과 김은옥 대리님에게도 감사드립니다.

아이디어를 만화책으로 기획하고 발전시키는 데 도움을 주었던 대학동기 이영민과 정현섭, 책 출간을 응원해준 후배 안은하와 소근주 부부, 작업하는 동안 늘 격려와 칭찬을 아끼지 않았던 전승철 선배와 이상언 선배에게도 감사드립니다.

작업할 동안 주변 여건을 허락해주신 세종대학교 박재승 이사장님과 박춘노 사무국장님, 그리고 법인사무국 식구들에게 감사드립니다. 그리고 선뜻 〈정글나라 시장경제〉의 연재를 허락해 주신 어린이경제신문의 박원배 대표님과 이미정 기자님에게도 고마움을 전합니다.

특히, 타잔의 전도사 역할을 해주시며 대학 강의를 허락해 주신 이범구 박사님, 늘 보살펴 주시는 아버님과 어머님, 특별한 가르침을 주신 장인어른과 장모님, '타잔 아이디어'를 한눈에 알아보고 협력해 준 아내 남경에게도 깊은 감사를 드립니다.

기도해 주시고 성원해 주신 영락교회 한용희 전도사님과 초등부 선생님들, 끝으로 포기하고 싶지만 늘 붙잡아 주시고 갈 길을 예비해 주시며 보석 같은 아이디어를 주신 하나님께 진심으로 감사드립니다.

강태진